Stefanie Roemer

Die Wirkung der Werbung auf Kinder und Jugendliche im Alter von 10 - 13 Jahren

GRIN - Verlag für akademische Texte

Der GRIN Verlag mit Sitz in München hat sich seit der Gründung im Jahr 1998 auf die Veröffentlichung akademischer Texte spezialisiert.

Die Verlagswebseite www.grin.com ist für Studenten, Hochschullehrer und andere Akademiker die ideale Plattform, ihre Fachtexte, Studienarbeiten, Abschlussarbeiten oder Dissertationen einem breiten Publikum zu präsentieren.

Dokument Nr. V90779 aus dem GRIN Verlagsprogramm

Stefanie Roemer

Die Wirkung der Werbung auf Kinder und Jugendliche im Alter von 10 - 13 Jahren

GRIN Verlag

Bibliografische Information der Deutschen Nationalbibliothek: Die Deutsche Bibliothek
verzeichnet diese Publikation in der Deutschen Nationalbibliografie; detaillierte bibliografische Daten sind im Internet über http://dnb.d-nb.de/ abrufbar.

1. Auflage 2008
Copyright © 2008 GRIN Verlag
http://www.grin.com/
Druck und Bindung: Books on Demand GmbH, Norderstedt Germany
ISBN 978-3-638-94564-6

Verhaltensprozesse in Finanzwirtschaft und Ökonomie

Die Wirkung der Werbung auf Kinder und Jugendliche im Alter von 10 – 13 Jahren

von

Stefanie Roemer

Business Administration WS 2007/08

Inhaltsverzeichnis

Abbildungsverzeichnis

1 Einleitung

Werbung ist heute bereits ein Teil unseres alltäglichen Lebens und gehört fast schon zum Fernsehprogramm, zur Zeitung und Zeitschrift oder gar ins Internet, wie das morgendliche Zähneputzen. Laut dem Zentralverband der deutschen Werbewirtschaft e.V. (ZAW) wurden im Jahr 2006 insgesamt 30,23 Milliarden Euro für die gesamte Werbung in Deutschland ausgegeben. Dies entspricht einem Zuwachs von 2,1% zum Vorjahr. Auch für das Jahr 2007 wird vom ZAW eine Steigerung dieser Ausgaben erwartet.[1] Ein neues Shampoo hier, ein kleines, benzinsparendes Auto da, eine Zahnbürste, die vibriert oder einfach die längste Praline der Welt. Uns Erwachsene wird die Werbung dadurch nicht so leicht ködern, aber wie sieht es denn mit den Kindern und Jugendlichen aus. Mehr und mehr Werbespots richten sich an junge Altersgruppen. Denn die Kinder und Jugendlichen von Heute werden zu den Erwachsenen von Morgen und somit zu potentiellen Einkäufern, die schon früh an bestimmte Produkte und Marken gebunden werden sollen.[2]

Wie wirkt denn die Werbung eigentlich auf unsere Sprösslinge? Wie wird die Werbung wahrgenommen? Dies möchte ich anhand der 10 – 13 jährigen Kinder und Jugendlichen mit folgender Themenarbeit untersuchen. Ich denke, dass es sich bei diesem Thema um ein sehr Wichtiges handelt, da die Jugendlichen nicht mit leeren Versprechungen dazu bewogen werden sollten, ein Produkt zu kaufen, welches dann doch nicht hält, was es versprochen hat.

Wie sieht eigentlich die rechtliche Seite aus und was kann getan werden, um die Kinder und Jugendlichen vor den Einflüssen zu schützen?

Glauben die 10 – 13 Jährigen denn überhaupt, was Ihnen durch verschiedenste Methoden und Gestaltungsarten in der Werbung erzählt wird? Wie wirkt sich diese vorhandene oder nicht-vorhandene Glaubwürdigkeit auf die Kaufentscheidung aus? Entscheiden Sie eher rational oder irrational? Es ist zu vermuten, dass diese Altersgruppe bereits weiß, was es mit der Werbung und deren Werbebotschaften auf sich hat. Die Anpreisung von Produkten im Fernsehen, in Zeitschriften, im Internet oder auf Plakatwänden soll dazu anregen, bestimmte Artikel zu erwerben und auch immer wieder zu kaufen. Dennoch entscheiden die Kinder und Jugendlichen sich dann für die Produkte, die beworben wurden.

Aus diesem Grund komme ich zu meiner Hypothese:

---

[1] ZAW, Zentralverband der deutschen Werbewirtschaft e.V., auf: http://www.zaw.de/index.php?menuid=33, Werbeumsätze vom 30.10.2007, (04.01.2008)
[2] Children's Advertising: The ethics of economic socialisation, Chris Preston in: International Journal of Consumer Studies Page 364, Blackwell Publishing Ltd., 2004

Kinder und Jugendliche im Alter von 10 – 13 Jahren, verstehen, was die Industrie mit der Werbung bei ihnen bewirken will, dennoch verhalten sie sich letztendlich bei der Kaufentscheidung für Produkte irrational und neigen eher zu den in der Werbung angepriesenen Markenprodukten.

Selbstverständlich kann nicht bei jeder Entscheidung für Marken- und Werbeprodukte von einer irrationalen Handlung ausgegangen werden. Oft werden diese Produkte erworben, weil beispielsweise die Eltern ein solches Kaufverhalten vorleben, weil eine bessere Qualität von dem Produkt erwartet wird oder einfach die Garantieleistungen besser sind, als bei No-Name Produkten. Jedoch werden diese Aspekte in der vorliegenden Arbeit nicht untersucht, und ob die 10 – 13 Jährigen diese bei ihrer Kaufentscheidung berücksichtigen, bleibt fraglich.

Mit Hilfe dieser Themenarbeit, in der nur die Fernseh- und Zeitschriftenwerbung untersucht und betrachtet werden soll, möchte ich versuchen, die von mir aufgestellte Hypothese zu belegen oder gegebenenfalls zu korrigieren.

Um eine Bearbeitung dieses Themas zu ermöglichen, habe ich einen eigenen Fragebogen entworfen und diesen in einer Realschule an 10 – 13 jährige Schüler verteilt. Die Auswertung dieser quantitativen Befragung, sowie bereits vorhandene Studien zu diesem Thema, insbesondere von Dieter Baacke, Anna Elisabeth Mayer, Silvia Golle, und der Kids Verbraucher Analyse (KVA) sollen mir helfen, das von mir gewählte Thema ausführlich zu erläutern und zu einem Ergebnis zu kommen.

2 Werbung

Die Werbung nimmt einen immer größer werdenden Teil in unserer Gesellschaft und Medienlandschaft ein. Keine Sendung ohne Unterbrechung, keine Zeitschrift ohne Werbeanzeigen.

Um eine Definition für das Thema Werbung zu finden, muss man nicht lange suchen, jedes Buch hält andere, zu erklären versuchende Worte bereit. Philip Kotler und Friedhelm Bliemel definieren die Werbung als „Jede bezahlte Form der nicht-persönlichen Präsentation und Förderung von Ideen, Waren oder Dienstleistungen durch einen identifizierbaren Auftraggeber."[3] Eine andere interessante und wie ich finde zu diesem Thema passende Definition gibt uns Wilfried Leven: „Unter Werbung versteht man die versuchte Meinungsbeeinflussung von ausgewählten Personengruppen [im Beispiel dieser Arbeit sind diese ausgewählten Personengruppen unsere 10 – 13 jährigen Kinder und Jugendlichen] durch besondere Kommunikationsmittel im Hinblick auf jeden beliebigen Gegenstand."[4] Besondere Kommunikationsmittel können hier die sein, die gezielt auf die 10 – 13 Jährigen abgestimmt sind. Diese werde ich im weiteren Verlauf der Arbeit untersuchen.

Die Werbung soll die Menschen aber nicht nur zum Kauf animieren, sondern soll sie auch für die umworbenen Produkte begeistern. Werbemaßnahmen, die dabei verwendet werden sind vielfältig. Es gibt Werbung im Fernsehen, im Radio, auf Plakatwänden, auf Autos, im Internet, im Kino, Werbung per Postkarte oder Brief und unzählige Werbeartikel, wie Kugelschreiber, Schlüsselbänder und viele mehr. Es geht in der Werbung viel mehr um den Absatz der Produkte, als um die Bedürfnisse, die Konsumenten haben. Interessant ist, was 'in' und was 'out' ist und welche Neuerungen die Wirtschaft für willige Käufer bereithält. Für die Wirtschaft ist die Werbung ein sehr wichtiges Instrument, da durch sie der meiste Absatz gemacht wird. Sie wird als der wesentliche Motor der Wirtschaft bezeichnet, denn mittels der Werbung kann man mit den potentiellen Käufern in Kontakt treten.[5] Deshalb scheint die Werbung als gerechtfertigt, denn ein Austausch der Produkte auf wettbewerbsfähigen Märkten wäre ohne die Werbung nicht vorstellbar. Gegebene Werbeinformationen sollen zu

---

[3] Philip Kotler und Friedhelm Bliemel in Marketing-Management S. 882, 10. Auflage, Schäffer-Poeschel Verlag Stuttgart, 2001
[4] Wilfried Leven in Gabler Wirtschaftslexikon V-Z, S. 3309, 16. Auflage, GWV Fachverlage GmbH Wiesbaden, 2005
[5] Vgl. Silvia Golle, Kinder und Werbung. Über die manipulative Macht der Reklame, S.4, Grin Verlag München, 2001

einer Kaufhandlung führen, die Entscheidung der Konsumenten wird somit gesteuert.[6] Hierzu habe ich einige passende Worte von Maria von Welser gefunden: „Ohne Werbung käme der Konsument womöglich auf die Idee, selbst zu entscheiden."[7]

2.1 Werbung - Rational oder Irrational?

Ökonomen haben geteilte Meinungen zum Thema Werbung. Kritiker geben an, dass Unternehmen nur zu ihren Gunsten handeln und sowohl den Geschmack als auch die Präferenzen des Konsumenten manipulieren. Es ginge in der Werbung viel weniger um die Informationsvermittlung, als um die psychische Beeinflussung der Leute. Es soll eine positive Botschaft übermittelt und signalisiert werden, dass der Käufer dieses Produktes die gleiche positive Erfahrung machen wird, wie die Figuren im jeweiligen Werbespot. Die Gegner sind der Ansicht, es werden lediglich verfehlte Wünsche bei den Konsumenten geweckt, die es sonst gar nicht gäbe.

Diejenigen Ökonomen, die sich für die Werbung aussprechen, beharren auf dem Standpunkt, dass lediglich Informationen an Kunden vermittelt werden. Durch sie könne man bessere Kaufentscheidungen treffen und würde überhaupt erst von der Existenz bestimmter Produkte und Bezugsquellen erfahren. Des Weiteren geben die Befürworter an, Werbung würde den Wettbewerb auf den Märkten stärken.

Aber ist es denn rational, dass Kunden ein neues Produkt ausprobieren, weil ein herstellendes Unternehmen sich dazu entschlossen hat es in der Werbung anzupreisen? Gregory Mankiw meint, es ist sehr vernünftig neue, beworbene Produkte zu probieren, denn ein Unternehmen entschließt sich ja auch nur zur Werbung, wenn es davon überzeugt, bzw. weiß, dass sein Produkt gut ist. Es wird von diesem Unternehmen gezeigt, dass dieses Produkt eine gute Qualität hat. Somit würde dann auch die Konkurrenz gesteigert.

Dennoch ist nach Meinung der Kritiker, die Bereitschaft der Kunden, für ein beworbenes (Marken-)Produkt mehr auszugeben eine Form von Irrationalität. Werbung führt zu einer unvernünftigen Markentreue und vermindert dadurch, bis zu einem bestimmten Grad, auch noch den Wettbewerb auf den jeweiligen Märkten.[8] Zu einem eindeutigen Ergebnis kommt es also, aus Ökonomensicht, nicht.

---

[6] Vgl. Dieter Baacke et.al., Zielgruppe Kind – Kindliche Lebenswelten und Werbeinszenierungen S. 10-11, Leske und Budrich Verlag Opladen, 2001
[7] http://www.dewi-ziehm.de/zitate/werbung.html, Maria von Welser, (20.01.2008)
[8] Vgl. N. Gregory Mankiw, Grundzüge der Volkswirtschaftslehre S. 404-410, Schäffer-Poeschel Verlag Stuttgart, 2004

2.2 Kinder als Zielgruppe

Kinder sind zu einer sehr begehrten Zielgruppe geworden. Laut dem Ehapa Medien Verlag besitzen die 10 – 13 Jährigen, deren Anzahl in Deutschland allgemein gesunken ist, eine Kaufkraft von 3,96 Milliarden Euro, welche sich aus Geldgeschenken, dem Taschengeld oder aus Sparguthaben zusammensetzen. Im Jahr 2007 waren es 2,9 Millionen Kinder und Jugendliche dieser Altersgruppe in Deutschland.[9] Durch die demographische Entwicklung bedingt, sinken die Zahlen der erwachsenen Konsumenten immer mehr, so dass es für die werbenden Unternehmen überlebenswichtig ist, den auch immer weniger werdenden Kindern mehr Produkte zu verkaufen. Da wird dann auch nicht gespart. Es werden Milliarden von Euro ausgegeben, damit sich Produkte in das Bewusstsein der Kinder festsetzen. Offizielle Zahlen gibt es zu den Ausgaben für die Kinderwerbung jedoch nicht. Hersteller wie Ferrero oder Kraft Foods lassen sich da nicht in die Bücher schauen. Vermutet wird allerdings, dass sich das Werbeniveau bereits auf amerikanische Verhältnisse zu bewegt. Hier wurden im Jahr 2002 circa 15 Milliarden ausgegeben um Kindern Produkte schmackhaft zu machen.[10] Bereits 1946 schrieb der der Amerikaner Clyde Miller: Es „braucht seine Zeit, aber wenn Sie auf Dauer im Geschäft bleiben wollen, dann bedenken Sie, was es für Ihre Firma für Gewinn bedeuten kann, wenn sie millionenfach Kinder abrichten können, […] wie Soldaten gedrillt sind, sich in Bewegung zu setzen, wenn sie die Kommandoworte ‚Vorwärts, marsch!' hören."[11]

Von früh an werden Kinder mit Werbung konfrontiert und diese weckt Wünsche und dementsprechende Ansprüche bei ihnen, die ihre Eltern befriedigen müssen, dies allerdings nicht immer können. Immer neue Werbestrategien sollen die Kleinen zum Kauf verführen, denn in jungen Jahren sehen sie die Werbung noch relativ unkritisch. Die Wirtschaft weiß, dass Kinder leicht zu begeistern sind, gerne auch neue Produkte kaufen und auch schon auf Marken beim Einkauf achten.[12] Der Werbedruck nimmt dann auch noch einmal zu, wenn die Kinder älter werden und sich die Werbung direkt an sie richten kann. Die Eltern werden ausgeblendet und nicht mehr miteinbezogen.[13] Als Beispiel könnte man hier auf der einen

---

[9] Vgl. Egmont Ehapa Verlag Berlin, http://www.ehapa-media.de/zielgruppen/preteens_02.php?sub_navid=3.03&navid=2, (06.01.2008)
[10] Vgl. Götz Hamann, Habe alles, bekomme mehr in Die Zeit Online – Wirtschaft, 19.05.2004, http://www.zeit.de/2004/22/Kinder-Konsum, (07.01.2008)
[11] Götz Hamann, Habe alles, bekomme mehr in Die Zeit Online – Wirtschaft, 19.05.2004, http://www.zeit.de/2004/22/Kinder-Konsum, (07.01.2008)
[12] Vgl. Silvia Golle, Kinder und Werbung. Über die manipulative Macht der Reklame, S.4-5, Grin Verlag München, 2001
[13] Vgl. Götz Hamann, Habe alles, bekomme mehr in Die Zeit Online – Wirtschaft, 19.05.2004,

Seite die Nimm 2 Soft Werbung nehmen, in dem die Kinder mit den Müttern im Zug sitzen und eine der Mütter die mit Vitaminen angereicherten Kaubonbons verteilt. Auf der anderen Seite gibt es den Werbespot von Clerasil bei dem es um die Beseitigung der ersten Pubertätspickel geht. Hier helfen sich die Jugendlichen selber, ein Erwachsener wird nicht mehr benötigt.

Die 10 – 13 Jährigen haben da allerdings schon eine mehr ausgeprägte Skepsis gegenüber der Reklame, wie sich bei meiner Befragung herausstellte. Diese Ergebnisse werde ich unter dem Punkt 3.3 weiter vertiefen. Die Autorin Anna E. Mayer schreibt über drei Kompetenzen, die sich bei den Kindern entwickeln. Die Produkt-, die Medien- und die Werbekompetenz. Unter der Produktkompetenz ist zu verstehen, dass die Kinder heute viel selbstsicherer und kritischer im Umgang mit Produkten und bei der Beurteilung von Produkten sind. Medienkompetenz besagt, dass die Medien, wie beispielsweise das Fernsehen, sinnvoll in den Alltag der Kinder eingebaut werden, es haben genauso viele Spaß mit Freunden zu spielen oder Sport zu treiben. All diese Aktivitäten werden über den Tag verteilt. Bei der Werbekompetenz, die Kindern zu einer geschulten Wahrnehmung verhilft und ein Unterscheiden zwischen Programm und Werbung ermöglicht, gibt es zwischen den Autoren unterschiedliche Meinungen. A. Mayer ist der Meinung, bereits im jungen Alter verfügen Kinder über diese Kompetenz.[14] S. Golle dagegen beschreibt, dass die Werbekompetenz erst mit zunehmendem Alter wächst.[15] Diese Kompetenzen sind jedoch wichtig um die Kinder als souveräne Kunden in den Geschäften zu sehen.[16] Nun möchte ich aber erst einmal af die zwei Medien kommen, um die es sich bei meiner Themenarbeit handelt. Der Punkt 2.3 beschreibt welche Methoden und Mittel die Werbemacher im Fernsehen nutzen und in 2.4 soll dies dann analog für die Printmedien (in diesem Fall Zeitschriften) geschehen.

2.3 Kinderwerbung im Fernsehen

Es ist wohl das am meisten gebrauchte Werbemedium; das Fernsehen. Täglich schauen Kinder fern und kommen so mit der Werbung in Berührung, die zwischen den begehrten Sendungen kommt.

Die Einführung der privaten Sender, wie Super RTL, Pro 7, RTL, VIVA oder MTV haben für ein erhöhtes Werbeaufkommen gesorgt, welches es vorher bei den öffentlich rechtlichen

http://www.zeit.de/2004/22/Kinder-Konsum, (07.01.2008)
[14] Vgl. Anna Elisabeth Mayer, Kinderwerbung – Werbekinder, S. 55, KoPäd Verlag München, 1998
[15] Vgl. Silvia Golle, Kinder und Werbung. Über die manipulative Macht der Reklame, S.8, Grin Verlag München, 2001
[16] Vgl. Anna Elisabeth Mayer, Kinderwerbung – Werbekinder, S. 56, KoPäd Verlag München, 1998

Kanälen nicht gab. Die Werbung wird zwischen den Kindersendungen eingesetzt, um diese dann effektiv bewerben zu können. Die privaten Sender erhöhen die Menge der gezeigten Werbespots und es wird sogar saisonal unterschieden. Des Weiteren werden Spots oft wiederholt um sich so besser in das Gedächtnis der Jugendlichen zu prägen. Bei den Wiederholungen steht die Kinderwerbung mit einem enormen Abstand an erster Stelle. Auch ist die Länge von bis zu 6,5 min pro Werbeblock sehr lang.[17]

Nach Auswertung meines Fragebogens habe ich einmal zu den Hauptfernsehzeiten der 10 – 13 Jährigen deren Lieblingssender geschaut und dabei folgende Feststellungen gemacht: Von 14 – 16 Uhr habe ich Super RTL geschaut und dort liefen in den zwei Stunden 25 Werbespots. Von diesen war lediglich einer an die Eltern gerichtet, allerdings mit einem Extra für Kinder. Drei mal lief der Müller Knusperjoghurt Spot, sowie ein Spot für Nintendo DS Spiele. Weitere Wiederholungen gab es bei Nesquik Kakao, einer CD Werbung und für Gormiti Actionfiguren. Mittel, die von den Werbemachern eingesetzt werden um die Kinder dann zum Kauf zu bewegen konnten leicht erkannt werden. Beispielsweise war die Werbung im Animationsstil, eine Rettungsgeschichte, in der der Kakao aus dem Baum gerettet werden musste, eine glückliche, Musik machende Familie im Müller Joghurt Spot, Willkommenspakete bei Einstieg in den Pony Club oder diverse Extras beim Kauf von bestimmten Zeitschriften. Oft wurden auch Kinder eingesetzt, die diese Produkte dann bewarben. Eine Umgehung dieser Werbung ist nur schwer möglich, es sei denn, man wechselt den Sender. Allerdings würden die Kinder damit viele bunte, auf sie direkt zugeschnittene Spots verpassen. Durchschnittlich betrug die Länge der jeweiligen Spots circa 20 Sekunden für 3 Minuten Werbung im Nachmittagsprogramm von 14 – 16 Uhr. Beim Drittplatzierten Sender RTL war es dann im Abendprogramm, von 18 – 20 Uhr, etwas anders. Es liefen in nur zwei Stunden 51 Werbespots. Diese waren hier überwiegend an Erwachsene gerichtet, aber wenn man davon ausgeht, dass diese Zeit die Zweitbeliebteste bei den Jugendlichen ist, sollte man eventuell doch darauf achten, mit welchen Mitteln da geworben wird. Lediglich fünf Spots, die in den sechs Minuten langen Blocks gelaufen sind, würde ich in die Kategorie Kinderwerbung einordnen. Für die Werbung zu dieser Tageszeit wurden auch bekannte Stars eingesetzt um Produkte zu vermarkten, es wurde viel über die Schiene der Gesundheit probiert, beispielsweise bei der hilfreichen Verdauungswirkung von Activia. Ikea und Alltours werben mit Familie und Kindern. Somit werden die Kinder und Jugendlichen durch

---

[17] Vgl. Silvia Golle, Kinder und Werbung. Über die manipulative Macht der Reklame, S.6, Grin Verlag München, 2001

diese Faktoren erneut angesprochen. Laut der Studie von Dieter Baacke et.al. ist das Fernsehen von den 10 – 13 Jährigen das am meisten genannte Werbemedium überhaupt. 96,7% der 10 Jährigen, 99% der 11 Jährigen und 99,1% der 12 – 13 Jährigen kennen Werbung aus dem Fernsehen. Bei den im folgenden Kapitel behandelten Zeitschriften liegt die Kenntnis bei 7,6% bis 10,9% der Befragten.[18]

2.4   Kinderwerbung in Zeitschriften

Kinder beginnen Zeitschriften und Bücher zu lesen, wenn sie im Schulalter sind. Lesen steht bei den Freizeitaktivitäten der Kinder und Jugendlichen von 18 Auszuwählenden an 7. Stelle. Das lässt schlussfolgern, dass die Kinder- und Jugendzeitschriften ein sehr guter Weg sind um die 10 – 13 Jährigen mit den verschiedensten Werbeangeboten zu erreichen.

Bei den Printmedien wird hauptsächlich über Bild und Text geworben und damit versucht Konsumenten zum Kauf zu bewegen.[19]

Ob nun der Text oder das Bild grundlegend für die Vermarktung von Produkten wichtig ist, darüber wird diskutiert. Die Grenzen beider Mittel zeigen jedoch auf, dass sich die Wichtigkeit nach dem zu vermarktenden Produkt und der zu übermittelnden Botschaft richtet.[20]

Ich habe mir einige von den bei meiner Befragung am meisten genannten Zeitschriften einmal genauer angesehen und die dargebotene Werbemasse, sowie die Mittel analysiert. Lieblingszeitschrift der 10 – 13 Jährigen ist ohne Frage mit 33% die BRAVO. Die Werbung hier bezieht sich eher auf die Jugendlichen und nicht mehr auf die Kinder. Es wird für Sendungen im TV geworben oder für verschiedene Fernsehsender wie RTL 2 oder Pro 7. Weiterhin wird eine andere Jugendzeitschrift beworben, die wieder mit speziellen Extras lockt, sowie der Handyklingelton- bzw. Handylogoanbieter Jamba. Überraschend konnte auch eine Aidskampagne (Gib Aids keine Chance) festgestellt werden, die Werbung für Kondome zum Schutz und zur Aufklärung betreibt. Weitere von den Kindern genannte Zeitschriften warben in bunten, mit Fernsehcharaktären verstärkten Bildern für Ferreroprodukte, wie Kinder Überraschungseier, Kinder Pingui und Happy Hippo Snack. Hier wurde mit eventuellen Gewinnen gelockt, sollte man diese Produkte erwerben oder gar ein eigenes

---

[18] Vgl. Dieter Baacke et.al., Zielgruppe Kind – Kindliche Lebenswelten und Werbeinszenierungen   S. 63, Leske und Budrich Verlag Opladen, 2001
[19] Vgl. Anna Elisabeth Mayer, Kinderwerbung – Werbekinder, S. 96, KoPäd Verlag München, 1998
[20] Vgl. Thomas Schierl; Text und Bild in der Werbung – Bedingungen, Wirkungen und Anwendungen bei Anzeigen und Plakaten, S. 213, Herbert von Halem Verlag Köln, 2001

Gewinnspiel. Neue Kinofilme, bestimmte Internetseiten, andere Jugendzeitschriften oder die bereits oben genannten Handyklingelton – bzw. Handyloganbieter wurden beworben. Als Stilmittel wurden oft Tiere oder gleichaltrige Kinder, sowie Cartoonfiguren die bereits aus dem Fernsehen bekannt sind, verwendet. Gute Schachzüge um kaufwillige Kinder und Jugendliche zu ködern.

2.5 Gesetzliche und ethische Aspekte der Werbung

Generelle Werbeverbote sind in Deutschland nicht zu finden, obwohl einige dafür plädieren zumindest die Kinderwerbung zu untersagen. [21]

Jedoch gibt es den International Code of Advertising Practice – Internationale Verhaltensregeln für die Werbepraxis, in dem einige Werberichtlinien zu finden sind. Diese Verhaltensregeln stammen bereits aus dem Jahr 1986/87. Artikel 11 besagt, dass Werbung klar als solche gekennzeichnet und erkennbar sein soll. Enthalten sind weiterhin in Artikel 13 die Richtlinien, die gegenüber Jugendlichen zu berücksichtigen sind.

1. Die Werbung soll sich nicht die natürliche Leichtgläubigkeit der Kinder oder den Mangel an Erfahrung von Jugendlichen zu Nutze machen oder ihr Abhängigkeitsgefühl ausnutzen.
2. Werbung die sich an Kinder und Jugendliche wendet, soll in Text und Bild nichts enthalten, was geeignet ist, ihnen geistigen, moralischen oder physischen Schaden zuzufügen.[22]

Diese Verhaltensregeln werden von der Werbewirtschaft zwar anerkannt, aber nicht immer eingehalten. Hierunter zählt beispielsweise auch die unzureichende Ankündigung von Werbung im Kinderprogramm. Gesetzlich geregelt ist diese Ankündigung nicht, nur kenntlich soll sie gemacht werden, wie dies geschieht, bleibt den jeweiligen Sendern selber überlassen. Im Rundfunkvertrag (RStV) gibt es Regelungen zur Dauer oder den Werbeinhalten, dennoch häufen sich laut deutschem Werberat die Verstöße.[23]

---

[21] Vgl. Silvia Golle, Kinder und Werbung. Über die manipulative Macht der Reklame, S.15-16, Grin Verlag München, 2001
[22] Vgl. International Code of Advertising Practice – Internationale Verhaltensregeln für die Werbepraxis, Neu Dehli 1987, gefunden auf http://e-dvertising.at/_pdf/8303-standesregeln.pdf, (19.01.2008)
[23] Vgl. Silvia Golle, Kinder und Werbung. Über die manipulative Macht der Reklame, S.16, Grin Verlag München, 2001

Die Werbung beeinflusst das kindliche Verhalten während des Aufwachsens und wird dies auch weiterhin während des Erwachsenseins tun. Deshalb sollten ethische Aspekte so klar wie möglich formuliert werden.[24] Allerdings beschreibt Chris Preston in seinem Artikel, dass bereits Siebenjährige gut mit der Werbung umgehen können und sie nicht naiv hinnehmen, eher skeptisch der Werbung gegenüber reagieren. Somit sind es eher die jüngeren Kinder um die es bei der Diskussion um die Ethik der Werbung geht. Sie sind diejenigen die ausgebeutet werden und verletzlich sind. Weiterhin fühlen sich auch die Eltern der umworbenen Kinder unter Druck gesetzt. Finanzielle Mittel lassen es oft nicht zu die beworbenen Produkte zu erwerben. Somit gilt die ethische Diskussion hier auch den Eltern. Werbemacher vertreten jedoch die Meinung, dass Kinder ihre Eltern um Produkte anbetteln egal ob sie aus der Werbung stammen oder nicht. Also geht es in dieser Hinsicht eher darum, dass Eltern von der Werbung durch ihre Kinder betroffen sind.[25]

Das die 10 - 13 Jährigen um die Funktion der Werbung wissen, zeigt sich in der Auswertung meines Fragebogens. Somit kann diese Altersgruppe von der ethischen Diskussion ausgeschlossen werden. Lediglich im Bezug auf Alkohol-, Medikamenten- und Tabakwerbung sollte auf die Einhaltung der Regulationen geachtet werden, denn hier kann es bei einer Nachahmung oder einem Verbrauch zu Schäden kommen.[26]

Auch die Eltern sollten sich ihrer Vorbild- und Modellfunktion bewusst sein. Die Werbekompetenz der Kinder ist mehr ausgeprägt, wenn die Eltern der Werbung eine größere Beachtung schenken. Eine sensible Einbettung der Werbung in den täglichen Umgang mit Medien stärkt, fördert und entwickelt die Werbekompetenz.[27]

Des Weiteren sollte die Werbeerziehung auch in der Schule von größerer Bedeutung sein, als sie es bisher war.[28] Helfen sollen auch die Kinderseiten der Kinderkampagne.de im Internet. Hervorgerufen von der Verbraucherzentrale Bundesverband, zur Aufklärung und zum Schutz vor der Werbung.[29]

---

[24] Vgl. Children's Advertising: The ethics of economic socialisation, Chris Preston in: International Journal of Consumer Studies Page 364, Blackwell Publishing Ltd., 2004
[25] Vgl. a.a.O., S. 366-367
[26] Vgl. Dieter Baacke et.al., Zielgruppe Kind – Kindliche Lebenswelten und Werbeinszenierungen   S. 333, Leske und Budrich Verlag Opladen, 2001
[27] Vgl. a.a.O., S.336
[28] Vgl. a.a.O., S.339
[29] Vgl. http://kinderseite.kinderkampagne.de (20.01.1008)

3 Empirische Erfahrungen und Ergebnisse

3.1 Zielgruppe der Studie

Die Zielgruppe der Studie sind die 10 – 13 jährigen Kinder und Jugendlichen. Laut § 1(1) Nr. 1 JuSchG fällt diese Altersgruppe unter den Begriff Kinder. Nach §1(1) Nr. 2 JuSchG spricht man erst ab einem Alter von 14 Jahren von Jugendlichen.[30] Dennoch habe ich die 10 – 13 Jährigen in meiner Studie als Kinder und Jugendliche bezeichnet, da mir dies von den Betreffenden nahe gelegt wurde. In diesem Alter findet man sich laut der Internetseite Aktiv für Kinder in der Vorpupertät.[31] In diesem Stadium ist die Kindheit quasi abgeschlossen, es wird sich an der Peer Group und bekannten Stars orientiert, es werden bestimmte Marken erstmals präferiert, die Lust zu probieren gehört zum Alltag und lässt die Eltern außen vor. Lieblingsthemen der Jugendlichen gehen hier schon zur Musik, zum Sport, zu Klamotten, neue Filme oder Computerspiele.

Um Kinder in diesem Alter effektiv zu bewerben, muss die Werbung unterhaltsam und interessant sein. Viele neue Interessen, auch im Produktbereich, lassen diese Gruppe für Marketingmanager sehr attraktiv erscheinen.[32]

Die Befragten 10 – 13 Jährigen dieser Studie haben das gleiche Bildungsniveau, da alle die Realschule besuchen. Eventuelle Unterschiede lassen sich auf die verschiedenen Altersgruppen zurückführen.

3.2 Eigener Fragebogen

Für die Bearbeitung des Themas 'Die Wirkung der Werbung auf Kinder und Jugendliche im Alter von 10 - 13 Jahren' habe ich neben bereits vorhandenen Studien einen eigenen Fragebogen entworfen und diese an die genannte Altersgruppe verteilen lassen. Sicherlich gibt es genügend Datenmaterial zu dem Thema, jedoch wurde nie explizit für 10 – 13 Jährige eine Studie durchgeführt.

Für die Befragung, in der Woche vom 17.12.2007 – 20.12.2007, habe ich mir die Sekundarschule Parey, Am Deich 6 in 39317 Parey, Sachsen-Anhalt ausgesucht. Die

---

[30] Jugendschutzgesetz (JuSchG) des Bundesministerium für Familie, Senioren, Frauen und Jugend Deutschland vom 23.07.2002 (BGBl. I S. 2730, 2003 I S. 476)
[31] Vgl. Aktiv für Kinder unter: http://aktiv-fuer-kinder.de/index.php?id=1696, (20.01.2008)
[32] Vgl. Egmont Ehapa Verlag Berlin, http://www.ehapamedia.de/zielgruppen/preteens_01.php?sub_navid=3.01&navid=2, (20.01.2008)

Direktorin Anita Krüger war mit der Verteilung der Fragebögen, durch die Lehrerin Daniela Held, in zwei fünften, zwei sechsten und einer siebten Klasse einverstanden. Einen Pretest habe ich mit einem elfjährigen und zwei zwölfjährigen Jungen, sowie einem zwölf Jahre alten Mädchen durchgeführt. Dieser Test half mir einige Unstimmigkeiten zu beseitigen und Fragen bzw. Antwortmöglichkeiten zu verbessern, welche die Jugendlichen während des Ausfüllens bemerkten. Das Ausfüllen des Fragebogens geschah dann durch die befragten Personen selber ohne die Möglichkeit Fragen zu stellen.

Der Fragebogen enthält in seiner Endfassung insgesamt 26 Fragen, die in sechs Kategorien eingeteilt sind. In der ersten Kategorie wurden allgemeine Fragen gestellt um sozi-demographische Merkmale, wie Alter, Geschlecht, monatliches Taschengeld zu erfahren. Als nächstes wurden Fernseh- und Leseverhalten der Kinder erfragt. Hat man überhaupt einen eigenen Fernseher, wie lange schaut man oder mit wem. Beim Leseverhalten wurde gefragt ob man überhaupt gerne liest und welche Zeitschriften gelesen werden. Die vierte Kategorie war eine der Kernkategorien mit Fragen zur Werbung. Hauptsächlich ging es hier um die Fragen, wird Werbung gesehen, wozu gibt es sie und sagt sie die Wahrheit. Eine weitere Kernkategorie ist die zum Kaufverhalten der Kinder. Haben diese einen Einfluss auf elterliche Kaufentscheidungen und für welche Produkte wird sich entschieden? Welche Wünsche werden geäußert und werden diese erfüllt? In der sechsten und letzten Kategorie wurde gefragt, ob mit dem eigenen Geld gemacht werden darf, was man will und wofür dieses Geld ausgegeben wird.

Um eine recht schnelle Bearbeitung der Fragen zu ermöglichen wurden nur zwei offene Fragen gestellt und der Rest als geschlossene Fragen formuliert. Die Bearbeitungszeit nahm circa zehn Minuten in Anspruch. Insgesamt haben 79 Schüler teilgenommen. 52 Fragebögen konnten für die Themenarbeit verwendet werden.

3.3 Auswertung des Fragebogens

Die Erstellung und Auswertung des Fragebogens erfolgte mit Grafstat dem Fragebogenprogramm von Uwe W. Diener.[33] Die Software konnte kostenlos aus dem Internet geladen werden. Des Weiteren wurde Microsoft Excel für die Erstellung von Diagrammen benutzt.

---

[33] Grafstat das Fragebogenprogramm 2007, www.grafstat.de, (01.12.2007)

3.3.1 Allgemeine Fragen

Wie bereits erwähnt konnten 52 der 79 Fragebögen für die Auswertung verwendet werden. Von den 52 Teilnehmern waren 26 weiblich und 26 männlich. Somit wurde eine gute Verteilung geschaffen.

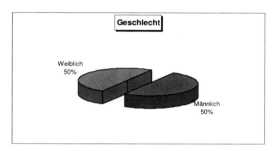

Abbildung 1: Teilnehmer nach Geschlecht, Quelle: Eigene Darstellung

19% der Befragten waren 10 Jahre, 31% waren 11 Jahre, 33% und somit der größte Teil der Befragten, waren die 12 Jährigen und 17% waren 13 Jahre alt. Alle der Befragten Kinder besuchen derzeit die Realschule. 23% haben keine Geschwister, 35% haben eine Schwester bzw. Bruder, 15% zwei Geschwister, 10% drei Geschwister und 17% leben in einem großen Haushalt mit mehr als drei Geschwistern. Die Abbildung 2 zeigt, dass die meisten der Kinder ein monatliches Taschengeld von ihren Eltern bekommen. Nur einige wenige gaben an, kein Taschengeld zu bekommen. Ein Unterschied in der Höhe des Taschengeldes zwischen Kindern mit Geschwistern oder keinen Geschwistern konnte hier nicht festgestellt werden

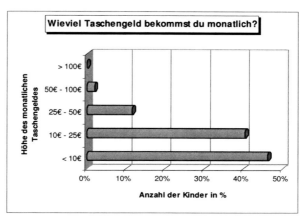

Abbildung 2: Der Großteil erhält Taschengeld im Wert zwischen 0€ und 100€

Quelle: Eigene Darstellung

3.3.2 Fernsehverhalten

In der nächsten Kategorie des Fragebogens habe ich die Fernsehgewohnheiten der Kinder und Jugendlichen näher betrachtet. Erstaunlich fand ich bereits, dass bei der ersten Frage nach einem eigenen Fernseher 73% der Teilnehmer mit ‚Ja' geantwortet haben. Somit ist der Grundstein für Werbemacher bereits gelegt. Die Hauptfernsehzeiten der Kinder liegen zwischen 14 – 16 Uhr und 18 – 20 Uhr. Hier werden die Lieblingssender der Kinder geschaut. Auf Platz eins der Lieblingssender liegt mit 73% Super RTL (bei der Beantwortung der Frage waren Mehrfachnennungen möglich). Wie bereits im Punkt 2.3 erwähnt laufen hier im Nachmittagsprogramm in zwei Stunden 25 Werbespots für Kinder. Als positiver Aspekt wäre hier allerdings zu nennen, dass Super RTL seine Werbung klar und eindeutig ankündigt und auch deutlich macht, wann diese vorüber ist. Von 18 – 20 Uhr schauen die Befragten zusätzlich die Sender RTL 2, VIVA und RTL. Beim Sender RTL laufen in dieser Zeit circa 50 Werbespots, von denen ich nur wenige in die Kategorie Kinderwerbung einordnen würde. Weitere Lieblingssender waren MTV, Pro 7, DSF oder Nickelodeon. Überraschend für mich war, dass die öffentlich rechtlichen Sender ARD und ZDF mit nur 6% - 8% auf den letzten Rängen lagen. Bei der Frage ‚Was schaust Du Dir im Fernsehen an?' wurden dann (auch Mehrfachnennungen bei dieser Frage möglich) zum größten Teil mit 87% Filme geschaut, wobei ich hierbei nicht so sicher bin, was die Kinder und Jugendlichen darunter verstehen, da sich zu den Hauptfernsehzeiten der Kinder nur selten Filme im Sinne von 90 Minuten langen

Spielfilmen finden lassen. 60% schauen sich gerne Cartoons oder Musiksendungen an, 42% mögen Sportsendungen und nur 4% sehen sich Werbung an. Abbildung 3 zeigt, dass die 10 und 11 Jährigen mit nur 1h – 2h pro Tag weniger fernsehen, als die 12 und 13 Jährigen, die mit 3h – 4h ein größeres Fernsehverlangen aufweisen.

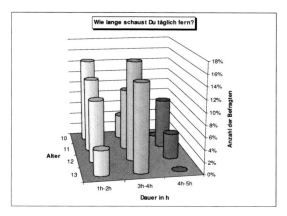

Abbildung 3: Fernsehverhalten der 10 – 13 Jährigen, Quelle: Eigene Darstellung

Auf die Frage ‚Mit wem siehst Du fern?', bei der wieder Mehrfachnennungen möglich waren, antworteten bei denen die allein einen Fernseher besitzen 44% sie würden auch allein gucken. 28% schauen mit Freunden und nur 27% gemeinsam mit den Eltern. Stand in der Familie nur ein gemeinsamer Fernseher zur Verfügung, schauten noch immer 40% allein, aber auch weitere 40% mit ihren Eltern fern. Mit Freunden wurde hier nur bei 20% am gemeinsamen TV geschaut.

3.3.3 Leseverhalten

Beim Leseverhalten ist es so, dass eigentlich alle der befragten Schüler gerne Zeitschriften lesen. Lediglich 4% der Jungen und 8% der Mädchen gaben an nicht gerne Zeitschriften zu lesen. Dies ist in der Abbildung 4 zu erkennen.

Abbildung 4: Lediglich ein kleiner Teil der Befragten liest nicht, somit
werden die Werbemacher auch hier die Zielgruppe erreichen, Quelle: Eigene Darstellung

Lieblingszeitschrift der Kinder ist mit 33% die BRAVO, gefolgt von der Tageszeitung mit 12% und den Sportzeitschriften mit 11%. Weiterhin genannt wurden Tierzeitschriften, wie Wendy, Mädchenzeitschriften, wie die Girl und Wissensmagazine, wie Geolino. Eine Analyse der Mittel und Methoden der Werbung in den genannten Kinderzeitschriften erfolgte bereits im Punkt 2.4. Auch hier wird die gewünschte Zielgruppe der Marketingmanager schnell erreicht.

3.3.4 Werbung

Kommen wir nun zu einem der Kernpunkte in meinem Fragebogen, der Werbung. Gleich in der ersten Frage wollte ich herausfinden, ob die Kinder und Jugendlichen überhaupt Werbung schauen. Abbildung 5 zeigt das Ergebnis.

Abbildung 5: Der Großteil der 10 - 13 Jährigen schaut sich Werbung an, Quelle: Eigene Darstellung

Auf die nächste Frage zur Funktion der Werbung, bei der wieder Mehrfachnennungen möglich waren, antwortete ein großer Teil mit der richtigen Antwort. Vorgegeben waren Antworten wie, Werbung ist da um die Zeitschriften dicker zu machen, um eine Toilettenpause zwischen Sendungen zu haben, um die Zuschauer ganz einfach zu nerven, längere Sendungen zu bekommen und die beiden richtigen Antworten: um über Produkte zu informieren und um Produkte zu verkaufen. Hier lagen 26% bei der Produktinformation und 29% beim Produktverkauf richtig. Nach Meinung der Befragten lagen auch die Toilettenpause und die längeren Sendungen weit vorn (Abbildung 6). Da, wie behauptet, Mädchen ihrem Alter ja meistens etwas voraus sind, habe ich mich entschlossen, einmal zu vergleichen, wie es hier denn aussieht. Wer liegt bei der Beantwortung der Frage um die Funktion der Werbung vorn (Abbildung 7)?

Abbildung 6: Funktion der Werbung   Abbildung 7: Beim Thema Werbung hat keiner
                                                           die Nase vorn

Quelle: Eigene Darstellungen

Die Abbildung 7 zeigt es, weder Mädchen noch Jungen liegen beim Wissen um die Funktion der Werbung vorn. Doch lässt Sie diese Einsicht dennoch an das Glauben, was in der Werbung immer und immer wieder versprochen wird? Auf die Aussage ‚Was die Werbung verspricht, kann man glauben!', antworteten nur 4% mit einem ‚Ja', 77% gaben an nur ‚Manchmal' der Werbung ihren Glauben zu schenken und 19% vertrauen den Aussagen der Werbung, egal ob im Fernsehen oder in Zeitschriften, überhaupt nicht. Lieblingswerbung der 10 – 13 Jährigen war, trotzdem sie schon als Jugendliche bezeichnet werden möchten, die Werbung für Spielzeug. Gefolgt von Werbung, die Sport beinhaltet, wie die Nutella Werbung mit den DFB Stars. Weiterhin wurde angegeben, dass Werbung mit Tieren als anschaulich empfunden wird, beispielsweise der Peugot Werbespot mit 2 Marienkäfern im Auto. Fünfzehn der 52 Befragten gaben zu dieser Frage keine Antwort.

17

3.3.5 Kaufverhalten

Ein weiteres interessantes Thema war das Kaufverhalten der Kinder und Jugendlichen. Für welche Produkte entscheiden sie sich bei ihrem Einkauf und wie wirken sie auf die Kaufentscheidung und das daraus resultierende Kaufverhalten der Eltern ein? Bereits die erste Frage gibt großen Aufschluss: 94% geben ‚Ja/Manchmal' als Antwort auf die Frage ‚Entscheidest Du beim Einkauf Deiner Eltern mit?' und lediglich 6% sagen ‚Nein'. Auf die anschließende Frage ob sich dann bei der Entscheidung eher für Produkte aus der Werbung entschieden wird, gab es folgende Ergebnisse (Abbildung 8).

Abbildung 8: Es wird sich eher für Markenprodukte entschieden, Quelle: Eigene Darstellung

Die Werbemacher haben also die richtige Strategie um ihre Produkte an die Kinder, bzw. deren Eltern zu bekommen. Dennoch geben 83% (Mehrfachnennungen möglich) an, eher Produkte zu kaufen, von denen die Eltern meinen sie sind gut. Da stellt sich die Frage, wer denn nun der wirkliche Entscheidungsträger in der Familie ist. 26% entscheiden für Produkte, die von Freunden empfohlen werden und nur 25% entscheiden nach den Versprechen der Werbung. Allgemein kaufen 73% der Befragten lieber Produkte, die aus der Werbung bekannt sind und nur 27% beantworteten die Frage, ob sie lieber Produkte aus der Werbung kaufen würden, mit ‚Nein'. Eine weitere interessante Frage war die, wie oft sich denn die Kinder und Jugendlichen Produkte aus der Werbung wünschen würden und wie oft sie diese Dinge dann auch von den Eltern bekommen (Abbildung 9). 21% der Befragten gaben an sich sehr oft Dinge aus der Werbung zu wünschen, sie dann aber auch nur zu 2% sehr oft bekommen. Der größte Anteil der Kinder wünscht sich manchmal oder eher selten Produkte aus der Reklame und so ähnlich ist es dann auch bei der Verteilung des Bekommens.

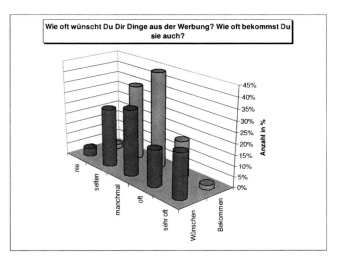

Abbildung 9: Wünsche der Kinder und Jugendlichen werden nicht immer erfüllt, Quelle: Eigene Darstellung

71% der Befragten Schüler gaben im Anschluss an die Fragen des Wünschens und Bekommens an, diese von ihnen gewünschten Dinge auch gebraucht zu haben.

3.3.6 Finanzielle Verfügung

In der letzten Kategorie meiner Befragung wollte ich dann herausfinden, ob die Jugendlichen mit ihrem Geld tun und lassen können was sie wollen und was sie sich denn von ihrem Taschengeld gönnen. Wie die Abbildung 10 zeigt, hat über die Hälfte der Schüler ihr Taschengeld zur freien Verfügung. 37% dürfen ‚Manchmal' entscheiden was sie damit tun und bei 12% entscheiden die Eltern über das Geld.

Abbildung 10: Die meisten Jugendlichen dürfen ihr
Taschengeld ihren Vorstellungen entsprechend nutzen, Quelle: Eigene Darstellung

Die Jungen kaufen sich dann am liebsten Computerspiele oder CDs vom eigenen Geld. Mädchen kaufen auch CDs, jedoch keine Computerspiele sondern geben ihr Geld lieber für Klamotten aus. An dritter Stelle liegt bei Jungen und Mädchen der Zeitschriftenkauf. Computerspiele, CDs und Zeitschriften, sind auch die Produkte, die häufig beworben werden.

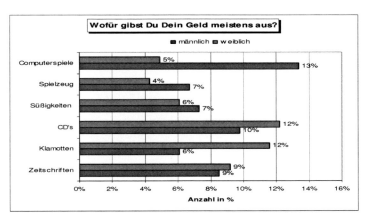

Abbildung 11: Beworbene Produkte werden gerne von den Jugendlichen gekauft, Quelle: Eigene Darstellung

4   Vergleich der eigenen Studie mit vorhandenen Studien

In diesem Abschnitt möchte ich auf Unterschiede und Gemeinsamkeit meiner Studie und den bereits vorhandenen Studien von Dieter Baacke et.al. und der KVA eingehen. Beide Studien beziehen sich hauptsächlich auf 6 – 13 Jährige Kinder und Jugendliche, jedoch werden sie in einigen Punkten in weitere Altersgruppen unterschieden. Beim den Vergleichen werde ich versuchen nur die 10 – 13 Jährigen zu berücksichtigen, sollte das nicht möglich sein, werde ich dies angeben. Berücksichtigt werden muss selbstverständlich auch die Anzahl der Teilnehmer an den Studien. Während es sich bei der von mir durchgeführten Studie um nur 52 Teilnehmer handelt, waren es bei Dieter Baacke et.al. in der Erstbefragung 1617 und in der Wiederholungsbefragung 725 Teilnehmer. Bei der KVA waren es 1652 auswertbare Interviews.

Die drei Studien stimmen in dem Ergebnis überein, dass Kinder gerne Zeitschriften lesen, auch die angegebenen Zeitschriften werden in allen drei Studien wieder gefunden. Die BRAVO wird allerdings in der KVA nicht erwähnt. Baacke et.al. machen hier die gleiche Erfahrung mit der BRAVO wie ich bei meinem Fragebogen. Sie richtet sich eher an das jugendliche Publikum mit bereits aufklärenden Worten zu Sexualität (hier auch die Werbung für die AIDS Kampagne) und Drogenkonsum. Genannte Tierzeitschriften aus meiner Studie, finden sich auch in den zu vergleichenden Studien wieder. Somit ist die Werbung in diesen Zeitschriften sehr effektiv, da diese Zeitschriften immer wieder gekauft werden. Fernsehsender werden in der KVA leider nicht analysiert, jedoch berichten Baacke et.al. in ihrer Studie von einer Bevorzugung der privaten Sender, wie es auch aus meiner Befragung ersichtlich geworden ist. Dadurch wirkt ein Einsatz der Werbung auf diesen Sendern sehr effektiv. Laut Baacke et.al. gehört das Fernsehen zum Alltag der Jugendlichen. Diese Feststellung kann ich, mit der Aussage, dass die 10 – 11 Jährigen täglich 1 – 2h und die 12 - 13 Jährigen 3 – 4h fernsehen, nur bestätigen.

Weiterhin möchte ich in diesem Vergleich auf meine Kernkategorien, der Werbung und dem Kaufverhalten, zurückkommen. Die KVA gibt über das Wissen der 10 – 13 Jährigen zum Punkt Funktion der Werbung keine Auskunft, daher werde ich mich auf die Ergebnisse von Baacke et.al. stützen. In meiner Befragung wusste der größte Teil der Jugendlichen, wozu es die Werbung gibt. Diese Erfahrung konnten auch Baacke et.al. machen. Hier erkannten die Kinder, dass Produkte verkauft und Informationen über die Produkte verbreitet werden sollen. Auch stimmen die Antworten bei der Frage über den Wahrheitsgehalt der Werbung überein. Es wird kritisch und skeptisch beobachtet und analysiert, was die Werbung verspricht und was sie davon auch einhält.

Der Einfluss der Kinder auf die Kaufentscheidung der Eltern bringt auch keinen gravierenden Unterschied ans Tageslicht, wie auch in meiner Studie entscheidet der größte Teil (88%) ‚Häufig/Manchmal' beim Einkauf mit. Leider fragen Baacke et.al. hier nicht nach den Produkten für die sich dann entschieden wird. Es wird klar, dass die Kinder einen großen Anteil an der Kaufentscheidung haben, aber dennoch die Eltern als Autoritäten ansehen und deren Meinung über Produkte annehmen. Es wird das gekauft, wovon die Eltern sagen, es ist gut und wo die Eltern meinen es wäre „doof", da finden es dann auch ihre Sprösslinge „doof". Laut KVA informieren sich aber wiederum 71% der Eltern bei ihren Kindern, wenn es um den Spielzeugkauf geht, 68% wenn es um Bekleidung geht und immerhin noch 32% beim Elektronikartikelkauf. Diese Werte gelten hier für die 6 – 13 Jährigen.

Für die Kaufwünsche können wieder alle drei Studien verglichen werden. Baacke et.al. geben an, dass sich nach einer Werbeschaltung 66% der Befragten das gerade Gesehene wünschten. Dies unterscheidet sich von meiner Studie. Hier wünschten sich nur 21% sehr oft Produkte aus der Werbung. Ob, nach Befragung von Baacke et.al., sie diese Produkte dann auch bekommen, bleibt aus. Der KVA für die 6 – 13 Jährigen kann man entnehmen, dass die Wunschquote für Markenprodukte und deren Erfüllung bei 10% - 53% liegt. Diese Ergebnisse kommen meinen dann schon näher, da sich hier meistens ‚Manchmal' oder ‚Selten' als Antwort bei den Wünschen und dem Bekommen finden ließ. Beim monatlichen Taschengeld gleicht sich das Ergebnis der KVA mit dem Ergebnis meiner Studie. Die meisten 10 – 13 Jährigen erhalten ein Taschengeld von circa 25€. In der KVA waren es ungefähr 1,50€ – 2,50€ mehr. Bei der Verwendung des Taschengeldes gibt es allerdings Unterschiede zwischen der KVA von 2006 und meiner von 2007. Mädchen gaben in 2006 ihr Taschengeld hauptsächlich für Süßigkeiten und Eis aus. Klamotten wurden in der Auflistung der KVA gar nicht genannt und die CDs lagen auf einem der unteren Plätze und nicht, wie bei meiner Studie auf Rang eins. Lediglich die Ausgaben für Zeitschriften gleichen sich, sie liegen auf Platz drei der befragten Altersgruppe. Bei den Jungen ergibt sich das gleiche Bild, auf Platz eins und zwei der KVA liegen Süßigkeiten und Eis anstelle von Computerspielen und CDs. Auch stimmen hier nur die Zeitschriften auf Platz drei überein. Zur Taschengeldthematik äußern sich Baacke et.al. nicht.

Im Vergleich der drei Studien, konnten viele Gemeinsamkeiten und nur wenige Unterschiede festgestellt werden. Grund hierfür kann die Unterscheidung der Altersgruppen in den Vergleichsstudien von Baacke et.al. und der KVA sein. Alle Aspekte der Studien konnten

nicht miteinander verglichen werden, da sich Fragestellungen unterschieden oder in den Studien nicht vorkamen.[34]

5   Fazit

Nach der Auswertung meines Fragebogens und auch nach einem Vergleich mit den von mir gewählten, vorhandenen Studien komme ich zu dem Ergebnis, dass circa die Hälfte der befragten Kinder und Jugendlichen im Alter von 10 – 13 Jahren um die Funktion der Werbung wissen. Dies war ersichtlich aus den Abbildungen 6 und 7 meiner Studie, sowie aus den Befragungen von Baacke et.al.[35] Weiterhin wurde klar, dass Kinder die Werbung mit Skepsis behandeln und ihre Botschaften nicht immer als wahr erachtet werden. Dennoch handeln Kinder und Jugendlichen bei ihrer Kaufentscheidung, egal ob diese allein unterwegs sind oder die Kaufentscheidung der Eltern beeinflussen, oft irrational. Sie entscheiden sich lieber für Produkte, die sie aus der Werbung kennen, deren Markennamen in ihrem Gedächtnis eingeprägt sind. Spezifische Gründe für die Entscheidungen werden nicht genannt. Auf Grund ihres Verständnisses und auf Grund der von ihnen gegebenen Antworten bei der Befragung hätte man eher denken können, sie würden rationaler entscheiden und keine Präferenzen für die beworbenen Produkte entwickeln. Widersprüchlich sind auch die Aussagen, dass die Kinder bei der Kaufentscheidung der Eltern mitentscheiden, sich aber dann doch die für die Produkte entscheiden, von denen die Eltern sagen, sie wären gut. Dennoch erlangen die Kinder durch diesen Einfluss auf die Kaufentscheidung eine Kompetenz, die familiär eine große Rolle spielt. Ich würde da von einer eventuell umgekehrten Eltern-Kind-Kompetenz sprechen, da die Kinder sich beispielsweise beim Elektronikartikelkauf besser auskennen, als es die Erwachsenen tun. Sei es beim PC-Kauf oder dem Kauf von Handys.

Somit kann man unter Einbezug der eben genannten Punkte die von mir aufgestellte Hypothese als bestätigt sehen. Kinder und Jugendliche wissen im Alter von 10 – 13 Jahren bereits was die Werbung bei ihnen bewirken will, nämlich, dass diese die angepriesenen Produkte erwerben und sie somit früh daran gewöhnt werden bestimmte Produkte immer

---

[34] Vgl. Dieter Baacke et.al., Zielgruppe Kind – Kindliche Lebenswelten und Werbeinszenierungen, Leske und Budrich Verlag Opladen, 2001
Weiterhin: Vgl. Kids Verbraucher Analyse 2006 des Egmont Ehapa Verlag
[35] Vgl. Dieter Baacke et.al., Zielgruppe Kind – Kindliche Lebenswelten und Werbeinszenierungen   S. 70 - 71, Leske und Budrich Verlag Opladen, 2001

wieder zu kaufen. Dennoch entscheiden sie irrational und kaufen eher die in der Werbung angepriesenen Produkte.

Reflektierend über meine Arbeit kann ich sagen, dass natürlich die Repräsentativität mit 52 Befragten sehr niedrig ist und mit einer großen Studie wie der KVA oder der von Dieter Baacke et.al. schwer vergleichbar ist. Trotzdem konnte ich einige Gemeinsamkeiten feststellen. Außerdem würde ich im Nachhinein einige meiner Fragen im Fragebogen genauer stellen oder mich mehr an Fragen bereits vorhandener Studien orientieren. Ich würde Fragen stellen um eine eventuelle Bestätigung der Mittel und Methoden der Werbung zu bekommen, beispielsweise: ‚Was gefällt Dir an der Werbung?' und nicht ‚Welche Werbung magst du am liebsten?'. Auch würde ich zu den Kaufpräferenzen der Eltern Fragen stellen, um die Vorbildfunktion beim Kauf zu beurteilen. Zur Frage der Werbungsfunktion würde ich weitere Antwortmöglichkeiten vorgeben, die zutreffend wären, wie Kunden- und Markenbindung oder zur Gewinnerzielung.

Die Arbeit selbst gab mir Aufschluss, wie umfangreich eine solche Themenarbeit sein kann. Angefangen von der Themenentscheidung, über die Hypothese, der Befragung, mit anschließender Auswertung bis zur Vorbereitung des Schreibens mit aufwendiger Literaturrecherche für die Arbeit selbst. Ich bin mir aber sicher, dass mir diese Erfahrung bei der Erstellung meiner Bachelorarbeit sehr behilflich sein wird.
Meinen Fragenbogen habe ich der Arbeit beigefügt.

6 Literaturverzeichnis

📖 Aktiv für Kinder unter:
http://aktiv-fuer-kinder.de/index.php?id=1696, (20.01.2008)

📖 Baacke, Dieter et.al., Zielgruppe Kind – Kindliche Lebenswelten und
Werbeinszenierungen, Leske und Budrich Verlag Opladen, 2001

📖 Die Zeit Online – Wirtschaft, unter:
http://www.zeit.de/2004/22/Kinder-Konsum, Götz Hamann, Habe alles,
bekomme mehr vom 19.05.2004 (07.01.2008)

📖 Egmont Ehapa Verlag Berlin, http://www.ehapa-media.de/

📖 Gabler Wirtschaftslexikon V-Z, 16. Auflage, GWV Fachverlage
GmbH Wiesbaden, 2005

📖 Golle, Silvia, Kinder und Werbung. Über die manipulative Macht der
Reklame, S.4, Grin Verlag München, 2001

📖 Grafstat das Fragebogenprogramm 2007, unter: www.grafstat.de,
(01.12.2007)

📖 International Code of Advertising Practice – Internationale
Verhaltensregeln für die Werbepraxis, unter: http://e-dvertising.at/_pdf/8303-
standesregeln, Werbepraxis, Neu Dehli 1987 (19.01.2008)

📖 Jugendschutzgesetz (JuSchG) des Bundesministerium für Familie,
Senioren, Frauen und Jugend Deutschland vom 23.07.2002 (BGBl. I S. 2730,
2003 I S. 476)

📖 Kids Verbraucher Analyse 2006 des Egmont Ehapa Verlag

📖 Kinderkampagne.de, unter: http://kinderseite.kinderkampagne.de
(20.01.1008)

📖 Kotler, Philip und Bliemel, Friedhelm, Marketing-Management,
10. Auflage, Schäffer-Poeschel Verlag Stuttgart, 2001

📖 Mankiw, N. Gregory, Grundzüge der Volkswirtschaftslehre S. 404
410, Schäffer Poeschel Verlag Stuttgart, 2004

📖 Mayer, Anna Elisabeth, Kinderwerbung – Werbekinder,
KoPäd Verlag München, 1998

📖 Preston, Chris, Children's Advertising: The ethics of economic
socialisation in: International Journal of Consumer Studies, Blackwell
Publishing Ltd., 2004

📖 Schierl, Thomas; Text und Bild in der Werbung – Bedingungen, Wirkungen und Anwendungen bei Anzeigen und Plakaten, Herbert von Halem Verlag Köln, 2001

📖 Welser, Maria von, unter:
http://www.dewi-ziehm.de/zitate/werbung.html, (20.01.2008)

📖 ZAW, Zentralverband der deutschen Werbewirtschaft e.V,
www.zaw.de

Untersuchte Zeitschriften:

📖 BRAVO, Nr. 2 vom 02.01.2008, herausgegeben von der Heinrich Bauer Zeitschriften Verlag KG Hamburg

📖 Card Master, Nr. 49, Dezember 2007, herausgegeben von der Panini Verlags GmbH Stuttgart

📖 Tiere – Freunde fürs Leben, Nr. 1, 2008, herausgegeben von der Panini Verlags GmbH, Stuttgart

Untersuchte Fernsehwerbung:

📖 Super RTL am 07.01.2008 von 14 – 16 Uhr

📖 RTL am 07.01.2008 von 18 – 20 Uhr

CPSIA information can be obtained at www.ICGtesting.com
Printed in the USA
BVOW041436050612

291845BV00001B/59/P